はつかり

キハ 81 系「はつかり」は機会あるごとに撮影した。常磐線、富岡の大カーヴでは C62 の列車とともに初期のキハ 81 系の勇姿を捉えた。

北海道でもC62重連を追いかけ、遭遇したキハ82系もしっかりフィルムに定着させた。

■ 保存車の悲惨な現状

「北海」のヘッドマーク付は「小樽市総合博物館」、マークなしは「三笠鉄道村クロフォード公園」展示車。特に後者の状態は悲惨。せっかく編成で保存されているのに、なんとも…。「京都鉄道博物館」に移ったキハ 81 もヘッドマークはなんとかして欲しいものだ。ほかに「青函連絡船メモリアル八甲田丸」にキハ 82101 が保存。

登場間なしのころの「つばさ」と「まつかぜ」。京都駅で待機中の姿を修学旅行で遭遇した。右は名古屋の「リニア・鉄道館」に保存されているキハ8273。「ひだ」に使われ、最後まで現役を保っていたなかの一輛である。

特集
1

ディーゼル特急
81系、82系

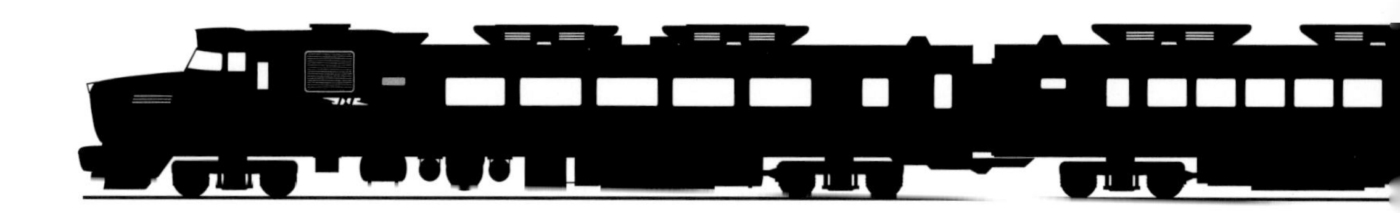

はつかり

●「こだま」「はつかり」「つばめ」の関係

いまさらだが、特急列車は鉄道少年にとって最初の憧れであり、そして永遠のアイドルでもある。特急「こだま」が東海道本線を走りはじめたとき、まだ鉄道専門誌などは創刊前だったりしたが、早くも絵本に登場した姿を見ては、その流麗なスタイリング、艶やかなカラーリングにたちまち虜になったものだ。

151系「こだま」が走りはじめてから2年ののち、ディーゼル特急「はつかり」が登場する。それは客車特急を置き換えたもので、東海道線にはスハ44系淡緑色の「つばめ」「はと」も151系に置き換えられていた。

まだ「子供心に」という注釈はつくけれど、やはり特急列車として一番格好のいいのは最後尾に展望車を連結した、荘厳な印象のある客車特急。「パーラーカー」クロ151や食堂車とビュッフェの両方を含む編成の半分近くが優等車という12輌編成の電車「つばめ」の登場よりも、淡緑色の「つばめ」「はと」の消滅を惜しむ気持ちの方が大きかった。

それからするとディーゼル特急「はつかり」は…「パーラーカー」もなく両端は同型のキハ81、優等車2輌の9輌編成は、電車特急からするとかなり見劣りして、と思うだろうがそうでもなかった。

そのココロは、逆に増えてきた電車特急、例の展望車付客車列車が置き換わったことも作用して、なにか別世界から地上に降りてきてしまったような印象があったのだ。

それからすると、まだまだ蒸機列車がほとんどの常磐線、東北線をただ一往復だけ走る「華」の存在、「はつかり」は唯一無二の存在というような印象で、別の憧れを抱いたものだ。蒸気機関車の追いかけるようになってからは、いっそうその「華」の存在を実感するようになる。ほとんど初めての撮影行というようなときも、貴重なカラーフィルムの数カット（それもネガカラーで）を費やすのに、なんの躊躇もなかった。

さて、さきに「特急電車」を一冊にまとめてみようと思いたって、上梓させていただいた。もとより国鉄時代、蒸気機関車を追い掛けていくのが本道と駆け回った余録のようなものだが、そうだ、「よん・ぜろ・とお」だったか、ダイヤ改正の日、定点観測のように線路端に立って来る列車くる列車、一日中カメラに収めたことがあった。そんなとき、盛岡電化でデビュウした交直両用特急電車とともにディーゼル特急も華やかに走ってきた。時代が変わってきたことも実感した瞬間のひとつだ。そうしたことを含め、もろもろを記録に残しておきたい。

ディーゼル特急のはじまり

■ 特急「はつかり」のこと

戦後、「つばめ」「はと」「かもめ」「あさかぜ」などにつづく特急列車、東海道山陽筋以外では初めての特急列車として「こだま」と同じ1958年10月のダイヤ改正で誕生したのが上野～青森間を走る特急「はつかり」だ。

「つばめ」などに使われ、特急用客車といわれていたスハ44系客車をブルートレイン張りのブルーにクリーム帯という出立ちに塗り替えた8輛編成。展望車こそ連結されていないものの、当初はナロ10、のちにオシ17という軽量客車も含まれていた。それを、C62、C61、C60といった懐かしの急客機、蒸気機関車が牽引した。上野～青森間をちょうど12時間掛けて走り、青函連絡船とも接続して、北海道への最速ルートをつくったのであった。

ブルートレイン「あさかぜ」、ビジネス特急「こだま」につづいて計画されたのがディーゼル特急であった。非電化区間のスターとしてキハ81系は1960年9月に完成した。9輛編成2本＋8輛予備車、即ちキハ81型6輛、キハ80型12輛、キロ80型5輛、キサシ80型3輛の計26輛が最初のディーゼル特急としてつくられた。

あとから知ったことだが、なんでもその年の10月に「アジア鉄道首脳会議（ARC）」なる会議が東京で開催されることから、それにお披露目できるように急遽、製作が決まった、という。いろいろな事情が重なっていささか消化不良のままキハ81系は世に出されたのだった。

特急「はつかり」運転時間

1958年10月〜客車特急時代	12時間	上野 12：20〜0：20	青森	5：00〜17：00	上野
1960年12月10日〜	キハ81系置換え	時間客車時代と同じ			
1961年3月〜	10時間43（45）分運転	13：15〜23：58		5：00〜15：45	
1961年10月〜	10時間25（30）分運転	13：30〜23：55		5：05〜15：35	

はつかり
1レ、2レ
上野〜青森（常磐線経由）

スハニ	スハ	スハ	スハ	オシ	ナロ	オロ	スハフ
35	44	44	44	17	10	10	43

└ 当初マシ35

'61年10月ダイヤ改正

（DC「はつかり」は1960年12月10日運転開始）

上野 0.0
仙台 366.0
盛岡 535.7
青森 739.4

6 7 8 9 10 11 12 13 14 15 16 17 18 19 20 21 22 23 0

1D「はつかり」
1レ「はつかり」
2D「はつかり」1961.10〜
2レ「はつかり」1958.10〜
2D「はつかり」1961.03〜（点線）

キハ 81 系誕生に関してはもうひとつ、特筆すべきこととして、製作にはなんと 9 社もが参加したことがあった。それだけ新企画のジャンルに挙って参加したいという気運であったのだろう。ディーゼルカーを得意としていたメーカーだけでなく、電車や客車製造で名を連ねていた会社も参加して、国鉄の納入会社全 9 社（近畿車両、帝国車両、富士重工業、汽車会社、東急車輌、日本車輌、新潟鉄工、日立製作所、川崎車両）が製作に関わったというから、よほど特別なことだった、と想像できる。

そうしてデビュウしたキハ 81 系は早速 1960 年 12 月 10 日から「はつかり」に就役する。とりあえずは客車列車をそのまま置換えるという形で、客車時代と同じ上野〜青森間を 12 時間で走った。翌 1961 年 3 月からは 1 時間 15 分の時間短縮を果たし、さらにその年の 10 月ダイヤ改正からはさらに 15 分ほど到達時間を縮めた。

しかし、当初はメカニカル・トラブルが相次ぎ、ちょっとしたニューズになった。いかんせんパワーの不足は前から解っていたことだったうえに、最高速度向上のために減速比を小さくしたりしたものだから、無理が重なった。それに、開発期間の短かったことも災いして、いち時は散々の評判であった。鳴り物入りで走りはじめた分、しっぺ返しが一気に押寄せたようなものだ。

それでも、パイオニアとしての役は果たし、1961 年には種々の改良を受けたキハ 82 系が登場、一気にディーゼル特急を全国に広めたのであった。

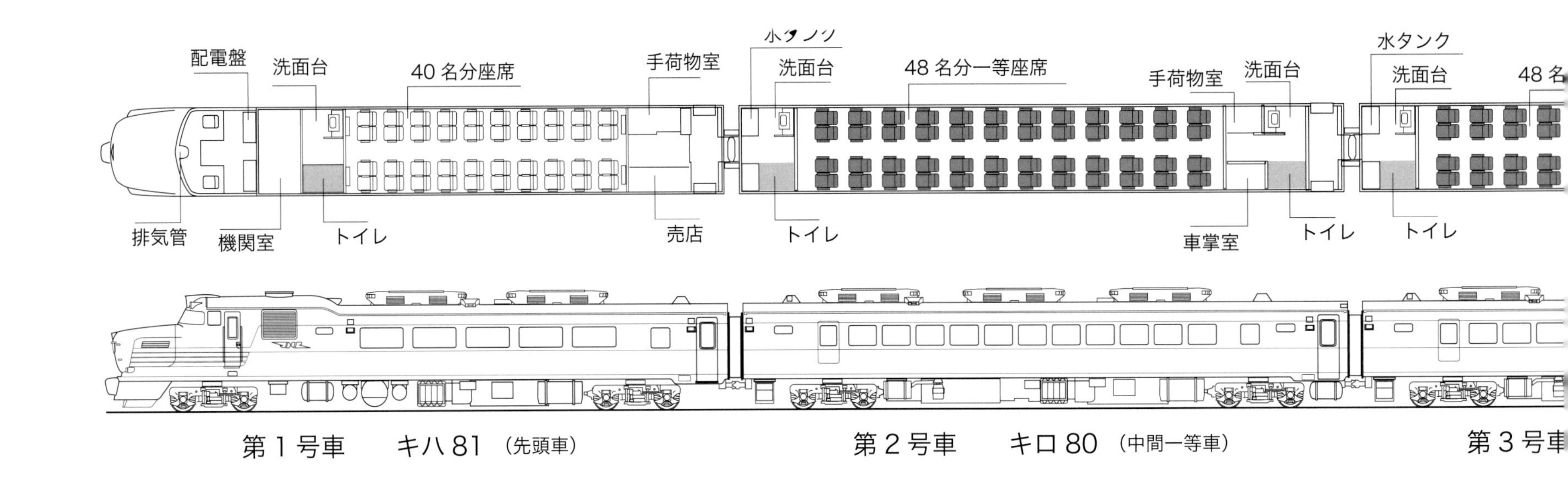

キハ81系

キハ81系は1960年9月から11月に掛けて26輌がつくられた。内訳はキロ2輌、キサシ1輌を含み9輌編成で、それが2本と予備車として8輌というものであった。初めての特急用ディーゼルカーという画期的な車輌だったからか、当時の国鉄御用達しだった9社が参加していたのが特筆されよう。キサシは別にキハ81が1基、それ以外は走行用エンジン2基搭載、編成としては14基の動力用エンジンを搭載していた。パワー不足をはじめとして初期トラブルも多かったが、それだけに記憶にも残る。

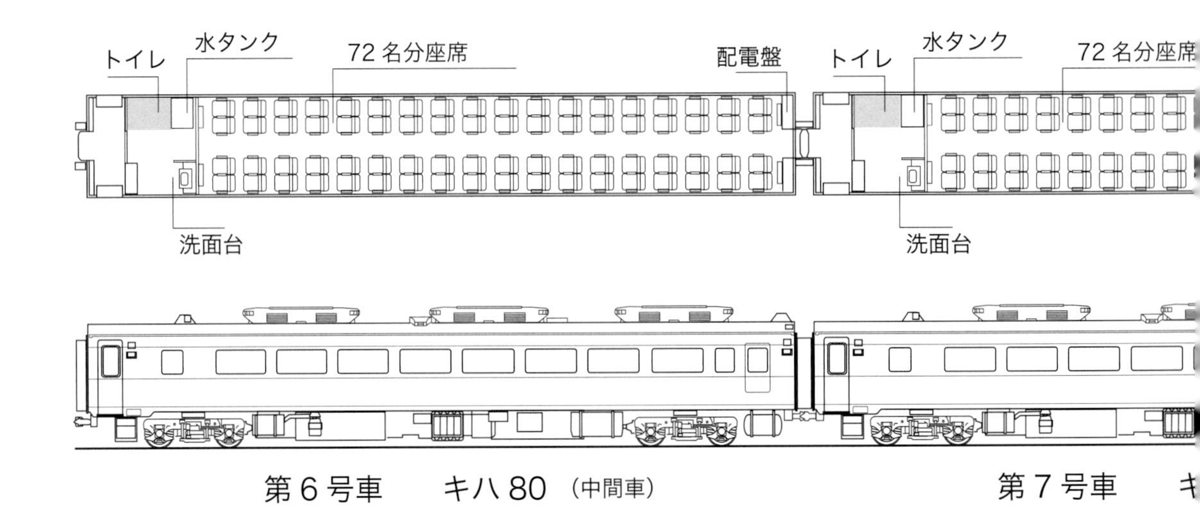

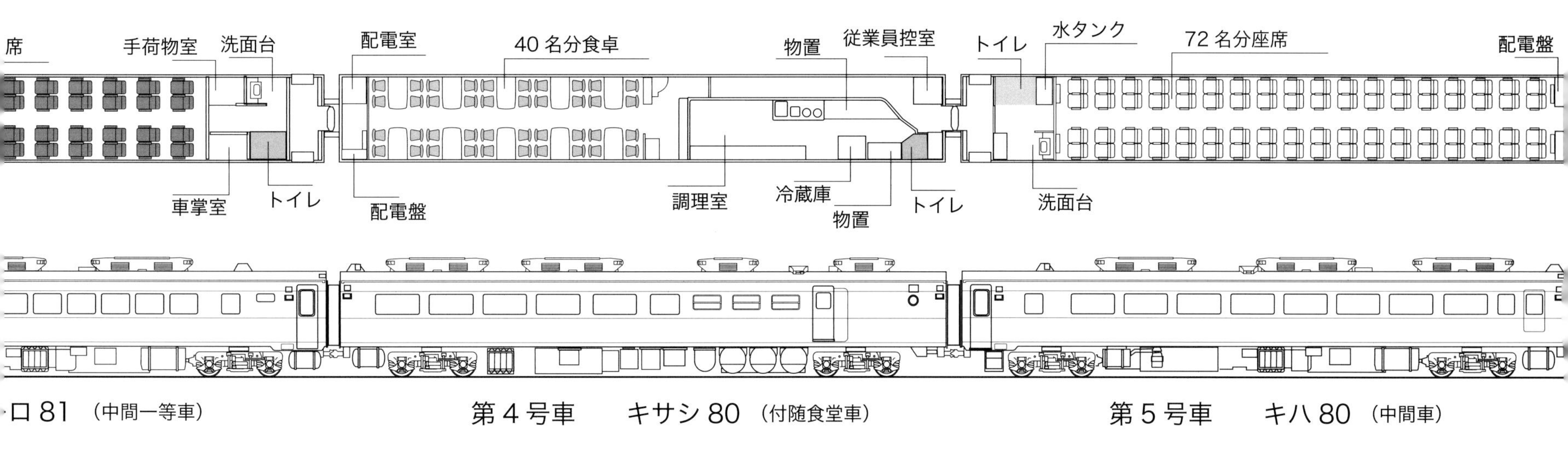
席
手荷物室
洗面台
配電室
40 名分食卓
物置
従業員控室
トイレ
水タンク
72 名分座席
配電盤
車掌室
トイレ
配電盤
調理室
冷蔵庫
物置
トイレ
洗面台
ロ 81 （中間一等車）
第 4 号車　キサシ 80 （付随食堂車）
第 5 号車　キハ 80 （中間車）

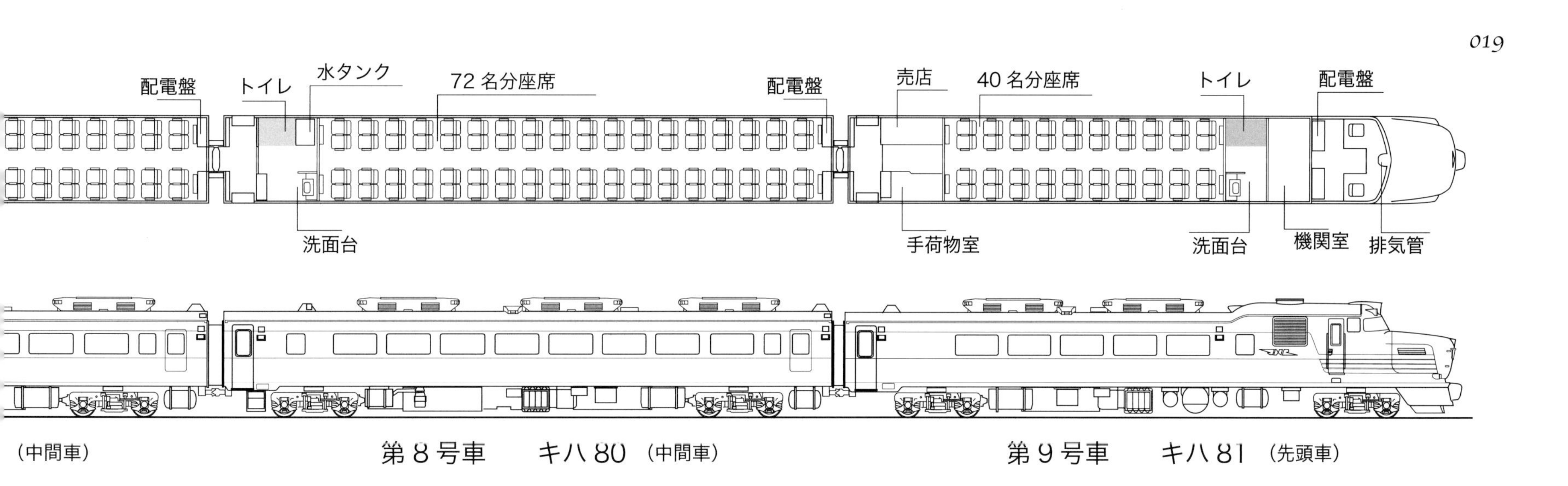
配電盤
トイレ
水タンク
72 名分座席
配電盤
売店
40 名分座席
トイレ
配電盤
洗面台
手荷物室
洗面台
機関室
排気管
（中間車）
第 8 号車　キハ 80 （中間車）
第 9 号車　キハ 81 （先頭車）

はつかり

左は日暮里駅近くの陸橋から見下ろす「はつかり」の編成。まだとなりの「国電」は茶色い 73 系電車が走っている。線路内はたまたま居合わせた同好の士。いまでは絶対に許されないだろうが、この頃は鉄道写真に関してとても寛容だったし、われわれも細心の注意を払って撮影した。上は C62 に牽かれる普通列車とすれ違う「はつかり」。前照灯を点灯し、高らかなエンジン音とともに走り去っていった。あとに残る排気臭は一瞬だったが、蒸機の石炭の臭いをうち消すほどであった。

● キハ 81 系、初見参

ディーゼル特急のデビュウ、それはいうまでもないキハ81 系の「はつかり」である。創刊されたばかりの鉄道雑誌に「はつかり」試運転中の見開き写真が載っているのを眺めては、すごいなあ、外国の車輛みたいだ、などと思ったりしたものだ。そんな年端もいかない少年が「はつかり」に遭遇したのは、ひとりの先輩の存在があった。

いわゆる「教育実習」(いまでいうインターンシップか)として、小学校に派遣されていた先生のひとりが、熱心な鉄道好きだと知るや休みの日に汽車見旅行に連れて行ってとせがんだのだ。旅行といっても小田急電車に乗って上野に行って帰ってくる、という半日の撮影行だったのだが、そこで偶然にも試運転「はつかり」に遭遇するのである。先生がそこまで調べて連れて行ってくれたのかは不明だが、山手線の 73 系の車内、「あ、はつかりだ」という先生の声に、窓越しに撮影した写真、それがあの雑誌に載っていた「はつかり」であったのだ。

赤とクリーム色のいわゆる特急色の車体は、なんともキラキラ輝いている印象。あっという間にすれ違って、後方に飛んでいってしまった。

その後、上野駅に入線してくる C57 牽引の客車特急「はつかり」の回送も撮っているから、試運転にちがいないのだが、残念ながらヘッドマーク部分が写っていないのは、まあ、姿の一部が撮れただけでもよし、というような部類だろうか。なにせ、カメラだってほとんど初めて使ったに近い時分のことなのだから。

先の「こだま」につづいて登場した「はつかり」は独特の存在感の持ち主であった。好き嫌いはあるだろうが、その個性的な風貌は決して嫌いではない。「こだま」が繊細なイメージだったのに対し、どこか重量感に溢れていたのは、エンジン音を含めての、ディーゼルカー全体に共通する感覚だったのかもしれない。

大きく重いディーゼル・エンジンを搭載して走る、それでも出力はぎりぎりで「特急」に使えるのだろうか、というような印象が出てきたのはオトナになってからだが。それをいち趣味人としてはある種の「判官贔屓」とともに見ていたようなところがある。いってみれば発展途上にあった、それをいち早く実用化した、という意気込みの裏返しを感じていたのかもしれない。

「こだま」に準じたスタイリッシュな … を実現する前にはいくつかの制約が立ちはだかっていた。東海道山陽線に較べたら、まだまだローカル色の濃い東北本線である。まずはホームの高さに合わせて、デッキもひと回り低くせねばならない。それに、タブレット授受などもあることから、運転席はそんなに高くできない。ディーゼルカーであるがゆえの床下の機器密集振りだとか、振動騒音に対する配慮だとかいう以前に、スタイリングそのものに対する制約も少なくなかったのだ。

だからこそ、というわけでもないが、独特の運転台周辺を含む、絶妙なボンネット・スタイルに大きな魅力を感じたりする。

● 1960年代のディーゼル特急考

いま頃、60年前のディーゼル特急を考察しても詮無いことかもしれないが、でも、オトナになっていろいろ解ってきたこともある。つくづく思うのはキハ81系「はつかり」はどだい無理な列車だったなあ、ということ。

そのむかし、発展途上だったわが国の乗用車は、まずノンストップで箱根を越えるのが第一の関門だった、という。1950年代の頃だ。そんな時代の話を聞くような印象が「初期のキハ81の故障」のむかし話には漂っている。

だいたいが主動力のエンジンは、1950年代に開発されたDMH17系エンジンというもの。この型式は、Dがディーゼル（G：ガソリン)、Mがモーター（原動力の意)、Hは気筒数（A：1、B：2 … でHは8気筒)、17は排気量17ℓ（！）を表わす。17以降につくのはSがスーパーチャージャー（含ターボチャージャー)、Zがインタークーラー付、Hが寝かせて装着（ホリゾンタルの意）など細分されている。

戦前に開発されたエンジンをもとに改良されたそのDMH17系エンジンは、180PS/1800r.p.m.を発揮する。なんと当時のほとんどのディーゼルカーに使われていた標準品だそうな。信じられないことに、キハ10系も、キハ55系も同じエンジン。特急用に高速走行する車輌にも同じエンジンしかない、ということは詰まるところ、カローラのエンジンでフェラーリ並みの速度で走れ、っていうのが無理なのと同じ理屈のような気がしてならないのだけれど、ま、これはあくまでのいち趣味人の素朴な疑問なので、そのつもりで聞いていただきたい。

それにしても新エンジンの開発というのはなかなか思うに任せなかったようだ。なにしろディーゼルカーの限られたスペースのなかに、エンジン本体をはじめ補機類、燃料タンクなどを搭載しなくてはならない。

DMH17系エンジンにしても、そのままでは高さがオーヴァしてしまうことから、80系では横に寝かせて搭載している。それは高負荷高回転時には潤滑の点でトラブルを起こしやすい。エンジン焼付きのトラブルは、予想できた問題だった、という。

ガソリンカーとして 1935 年に誕生したキハ 42000 を戦後、ディーゼル・エンジンに換装して誕生したのがキハ 07。下の 200 番代は最初からディーゼルカーとして 1952 年〜に登場。左ページはキハ 06 4。

● ディーゼルカーのエンジン問題

少し振り返ってみると、DMH17系エンジンを搭載した最初はキハ07型であった。そもそもはガソリン・エンジンを搭載したガソリンカーであったが、戦後、ディーゼル・エンジンに換装し、1957年の型式称号変更によりキハ07型となった。初めて客車などと同じ20m級の大型車体を持っていることでも知られる。それまでは、16m足らずの小型車体。それだけのパワーしか持ち合わせていなかったということだ。

ディーゼルカーというのは基本一軸駆動で、キハ07は前進4段のマニュアル変速機付の「機械式」と呼ばれるものであった。一部はのちにトルクコンヴァータを使った「液体式」変速機を導入し、クルマでいう「AT」仕様になり、それはキハ07200番代に分類されている。その変速機もパワー、トルクの向上にはなかなか付いていけないらしく、それもまた出力アップのネックになっていた。

それでは、とトライされたのがエンジン2基搭載モデルだ。1954年のキハ50型がその先駆とされるが、スペース的に一杯いっぱいということで、軸間距離を伸ばさざるを得ず、それはそれで曲線通過や建築限界の点で支障が出た、という。のちのちのキハ52や準急用キハ55は全長21m級になっているし、基本的に保守を含めコスト的にも問題なし、というわけではなかった。

それといまさらに気付くのは、これらディーゼルカーの最高速度は普通用から急行用までを含めて、おしなべて95km/hとされていた。同じ動力源を使っている以上、如何ともし難いというところだったのだろうか。

一方、大出力エンジンの開発も並行して進められてはいた。1960年に登場したのがキハ60系だ。これはディーゼル機関車DD13型などに使われた370PSのDMF31系エンジンをチューニングも高めて400PSのDMF31HSA型として、床下搭載のために横に寝かせて使用した。それだけでなく二軸駆動を採り入れるなど意欲的であった。キハ60、キロ60型合わせて3輌が試作され、110km/hの最高速が謳われたが、変速機や二軸駆動が災いし、結局は数年後にDMH17系エンジンに換装されてしまった。

もうひとつ、大出力エンジンでテストされたのがキハ91系だ。いってしまえば、これも「はつかり」以後の話なのだが、ディーゼルカーの進化という意味で触れておきたい。1966年に試作されたものだが、先だって300PSのDMF15HZA型、500PSのDML30HSAというエンジンがが開発されていた。直列6気筒+インタークーラー+ターボチャージャー付、15ℓ級のDMF15HZA型、それを2基V字状に組み合わせた180° V12気筒（形は水平対向、ボクサータイプ・エンジン）DML30HSA型である。後者はスペースの関係かインタークーラーなし。それぞれを搭載したキハ90型、キハ91型が試作されたのであった。

テストの結果などからDML30系が次世代のエンジンとして採用され、DML30HSB型搭載のキハ91 2〜8がつくられ編成としての試用がつづけられた。結果、DML30HSC型が第二世代の特急用ディーゼルカー、1968年登場のキハ181系に採用され、ここにきてようやく性能アップを実現した。一方のDMF15系エンジンも発電用エンジンとして、12系客車などで量産、使用される。

上と左はキハ 52、キハ 55。エンジン 2 基搭載の強力版で車体長も 21m 級。キハ 52 は小海線や大糸線での活躍が記憶に残る。55 系は急行用として広く活躍した。下のキハ 60 は 400PS、右のキハ 91 は 500PS のエンジンを搭載した試作車。キハ 60 系は 1959 年につくられ、エンジン 1 基、二軸駆動が特徴。キロ 60 を含み 3 輛がつくられた。キハ 91 系は 300PS エンジンのキハ 90、キサロ 91 を含み 12 輛が試作され、キハ 181 系やキハ 65 系に応用。

ディーゼル特急の広がり

■ 1961年10月改正

話を「はつかり」に戻して、その当時はなぜこんなに故障が多く発生するのか、どだい理解できていなかったのだが、こうして調べてみると無理を承知で走りはじめた特急、という印象になってしまう。

9輛編成でキサシ80（附随車）型1輛、動力用エンジン1基搭載のキハ81型2輛を含む編成の総出力は、単純計算だが2520PS。で、軽量化したとはいえキハ81型の42.2tをはじめとして、基本40t＋という重量の9輛編成だから、パワーウエイト・レシオ、重量当たりの出力は6.89PS/t、これに乗客や荷物、燃料、大量の水などを加えると、ちょっと絶望的な数字になる。

特急列車としての速度（トップスピード）が求められたことから、エンジンからの減速比は一般ディーゼルカーの2.976から2.613に高められた。これで最高速度100km/hを謳ったのだが、当然その分、登坂能力などは落ちることとなった。

オーヴァヒートによる火災事故などと聞いて、例の「箱根を越えられず頂上でひと休み、エンジンを冷やした…」という、発展途上のクルマを思い起こしてしまうのだ。最初から無理な話、という結論の繰返しになってしまう。

こうした数字を見ていくと、無理を承知で走らされた「はつかり」の肩を持ちたくさえなってくる。キハ81こそ、悲運のディーゼル特急、ではなかったか、と。

それでも翌1961年、全国にディーゼル特急網が構築される。キハ81系の非力な点を改善するためにエンジン2基搭載のキシ80型を加えることで、6輛編成では動力用エンジン10基、総出力1800PSとなり、編成全体のパワーウエイト・レシオはかなり改善された。加えて先頭のキハ82型は正面貫通式にし、併結分割運転を可能にして運転線区の拡大を実現する。

これはまさしく当を得たものだったようで、1961年10月のダイヤ改正で、一気に8本のディーゼル特急が走りはじめることになる。北は北海道から、南は九州まで、万遍なく特急列車の恩恵が受けられるような配慮が、その列車設定から看て取れる。

1961年当時の最初のキハ82系の陣容は、キハ82型43輛、キハ80型41輛、キロ80型22輛、キシ80型21輛の計127輛。それらは函館区に15輛、尾久区に34輛、向日町区に78輛が配置された。函館区は、北海道初めての特急車輛を受持ち、西の基地としては向日町運転区が1961年9月10日に開設された。

面白いことに大阪〜青森、上野間の「白鳥」は青森編成は向日町区、上野編成は尾久区持ちであった。当初、想像とはちがう編成だったのは、両区の編成の向きがちがったからだろうか。それでも、日本海縦貫の「白鳥」などはキハ82系の特徴を遺憾なく発揮して大きな話題を提供した。

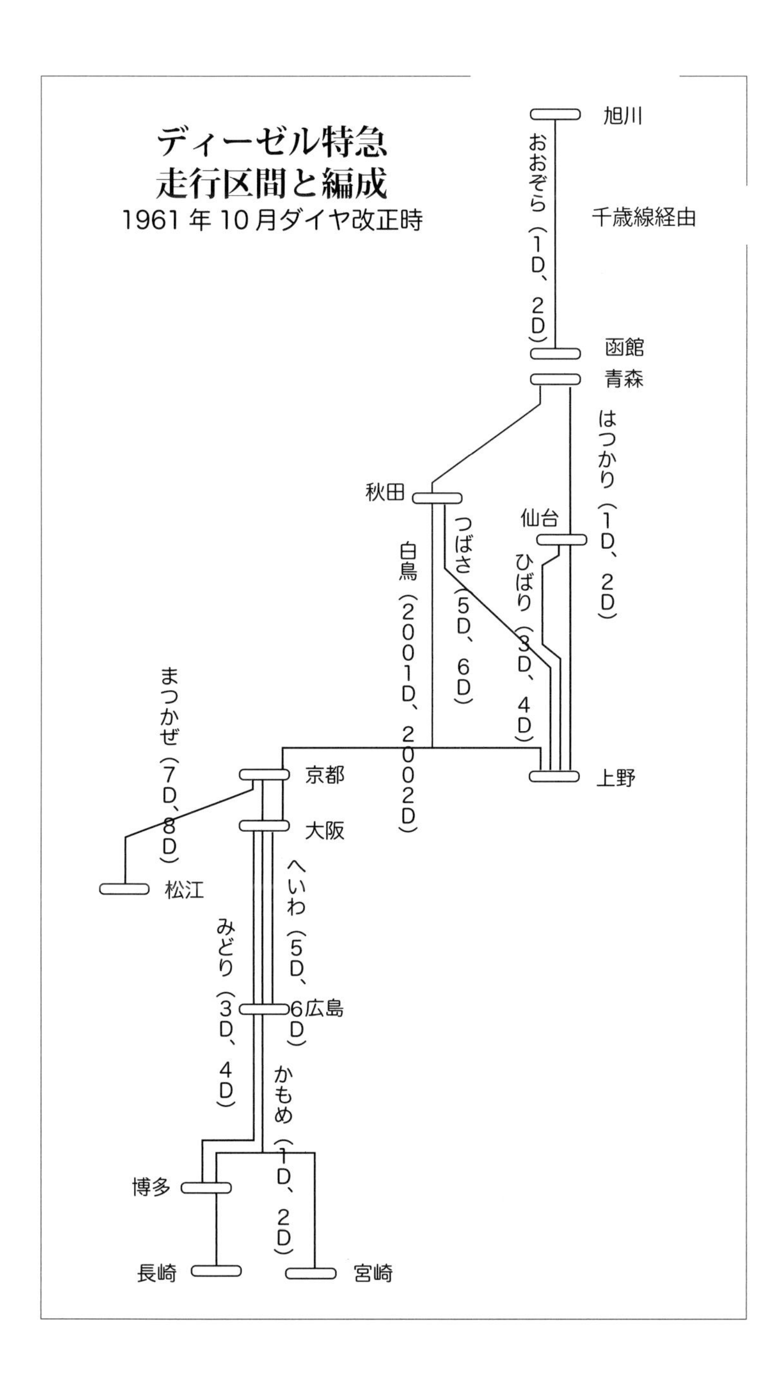

おおぞら
1D、2D
函館～旭川
一部札幌止

キハ82	キロ80	キシ80	キハ80	キハ80	キハ82	キハ82	キロ80	キハ80	キハ82
						函館～札幌			

はつかり
1D、2D
上野～青森

キハ81	キロ80	キロ80	キサシ80	キハ80	キハ80	キハ80	キハ80	キハ81

ひばり
3D、4D
上野～仙台

キハ82	キロ80	キシ80	キハ80	キハ80	キハ82

当初不定期 1003D、1004D
1963年10月から定期化

つばさ
5D、6D
上野～秋田

キハ82	キロ80	キシ80	キハ80	キハ80	キハ82

白　鳥
2001D、2002D
大阪～青森・上野
直江津で分割併合

キハ82	キロ80	キシ80	キハ80	キハ80	キハ82	キハ82	キハ80	キハ80	キシ80	キロ80	キハ82
大阪～上野（2003D、2004D）						大阪～青森（2001D、2002D）					

かもめ
1D、2D
京都～宮崎・長崎
小倉で分割併合

キハ82	キハ80	キハ80	キシ80	キロ80	キハ82	キハ82	キハ80	キハ80	キシ80	キロ80	キハ82
京都～宮崎（2001D、2002D）						京都～長崎（1D、2D）					

みどり
3D、4D
大阪～長崎

キハ82	キロ80	キシ80	キハ80	キハ80	キハ82

へいわ
5D、6D
大阪～広島

キハ82	キロ80	キシ80	キハ80	キハ80	キハ82

まつかぜ
7D、8D
京都～松江

キハ82	キロ80	キシ80	キハ80	キハ80	キハ82

白鳥

かもめ
KAMOME
のりかえ
FOR
かもめ
かもめ
KAMOME

1961年10月のダイヤ改正で、北は北海道から南は九州まで9本のディーゼル特急が走りはじめ、特急網を形成した。
・「おおぞら」：p033
・「はつかり」：p020
・「ひばり」：p033
・「つばさ」：p033
・「白鳥」：p030
・「まつかぜ」：p032
・「かもめ」：p031
・「へいわ」：p039
・「みどり」：p038
「へいわ」は加古川在住の島津行雄さん、「みどり」は熊本在住の永瀬 修さんに提供いただいた。

へいわ

配電盤
機関室
52 名分座席
洗面台
水タンク
洗面台
48 名分一等座席
手荷物室
洗面台
機関室
水タンク
トイレ
トイレ
車掌室
トイレ

第 1 号車　キハ 82（先頭車）　　第 2 号車　キロ 80（中間一等車）

キハ 82 系

キハ 81 系の教訓を活かし、いくつかの新機軸をも盛り込んで 1962 年から増備されたキハ 82 系。一番の特徴は前面貫通式として、併結運転を可能にしたこと。一方で編成としての動力性能アップのため食堂車にもエンジンを搭載、キシ 80 はそのために、水タンクを室内に移すなどしたことから、テーブル席を 2 基、8 名分の定員減をしている。当初は 6 輌が 1 ユニットとされた。

キハ 82 系としては 1967 年までの間に全部で 358 輌がつくられた。たとえばキシ 80 は二社が担当するなど、それぞれの型式でメーカーを分ける傾向がみられた。

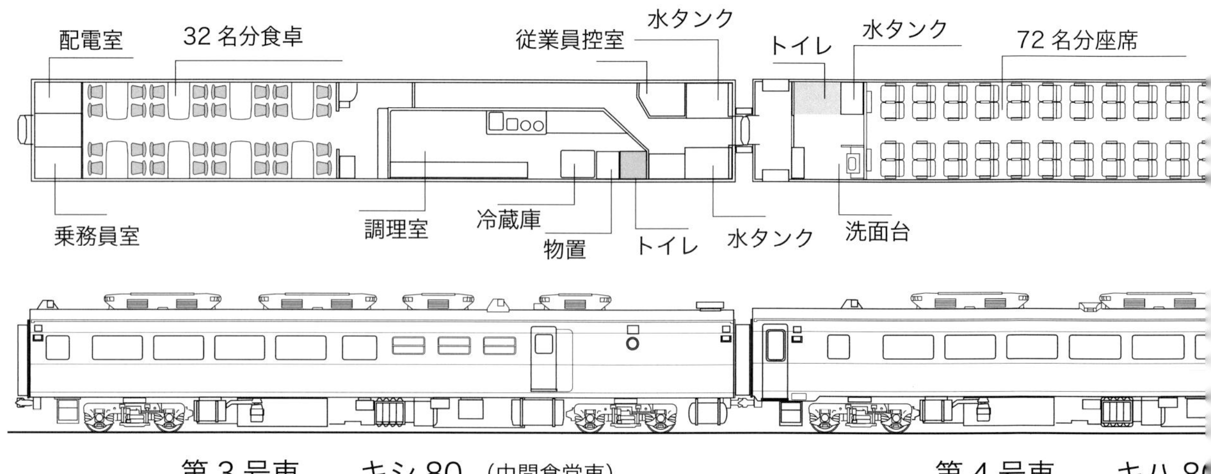

第 3 号車　キシ 80（中間食堂車）　　第 4 号車　キハ 8

● キハ82系の躍進

キハ82系は食堂車にも動力用エンジンを搭載したキシ80型に加えて、先頭車、キハ82型に最大の特徴があった。編成も6輌を基本とし、キハ82型を正面貫通式にしたことで、二編成併結運転を可能にしたことだ。

つまりたとえば、食堂車、一等車各1輌を含む6輌編成の2ユニットを併結して大阪を出発した「白鳥」は日本海沿いに北上。直江津でふたつに分割され1本はそのまま北上をつづけて青森へ、もう1本は信越線、碓氷峠を越えて上野に向かうという芸当を披露したのである。逆はそれぞれ青森、上野を経ち直江津で一列車にまとまり、大阪に戻る。大阪〜青森間、15時間30分ほどの長旅をディーゼル特急は無事走破してみせた。

これまで走っていなかった地域に特急列車を走らせ、利便性を考えたロングランで各都市を結ぶ、といった試みがここで大きく前進したのであった。それだけ行動範囲が広まったこともあって、キハ82系には寒冷地向仕様が用意された。先のキハ81系が9社参加だったのに対し、こんど回はディーゼルカーを得意とする5社、それもキロ80は新潟鉄工、キシ80は日本車両それぞれ一社が受注。キハ82三社、キハ80は東急車輌と富士重工の二社という内訳になった。

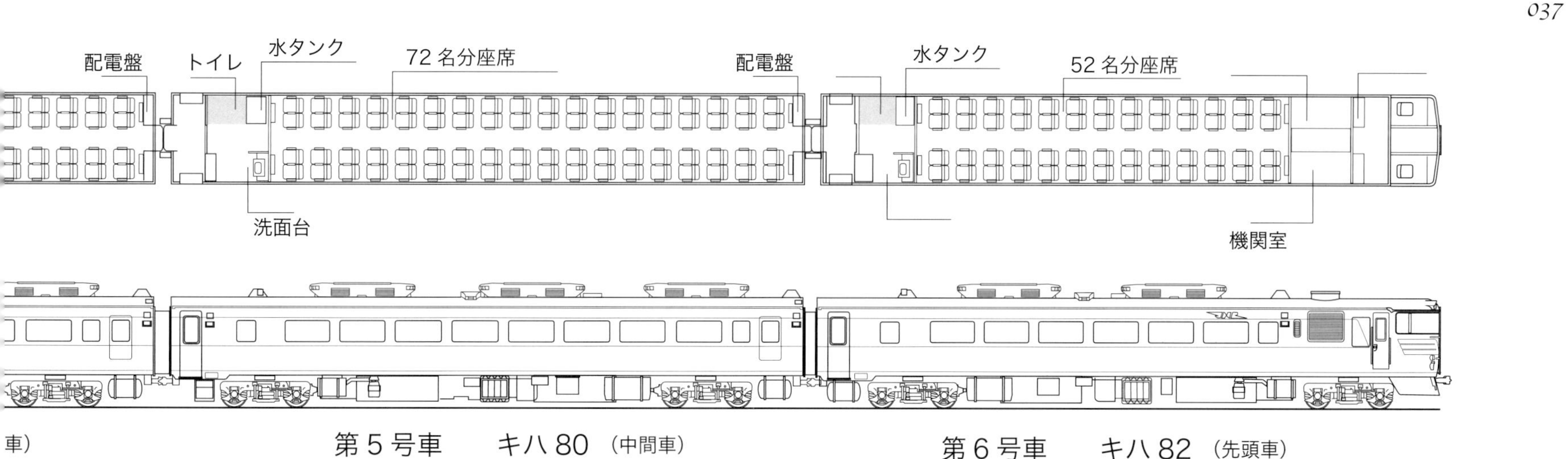

全国区の特急気動車

■ 増備を待って増発の '60 年代

人気の特急列車は、新たな車輛が完成するたびに増結、増発するといっていいような状況。いや、逆で新製されるのを待って、ようやく輸送力アップが実現されるといった状況がしばらくつづいた。

短命の列車として知られる「へいわ」は、走りはじめてからわずか 8 ヶ月あまり、1962 年 6 月には廃止になっている。といってもそれは同月の広島電化完成を受けてのことで、京都〜広島間は完全電化区間となったのだから仕方ない。非電化区間のスターであるディーゼル特急は電化まで、という生まれながらの宿命を持っているのだった。

余剰となった「へいわ」用の 6 輛は新製された 2 輛とともに函館区に移動し、1962 年 10 月から特急「おおぞら」の増強に充てられ、さらに運転区間も釧路までの延長を果たすのである。道東方面ではまさに待望の特急列車がやってきた、というわけだ。こういった恩恵をもたらすディーゼル特急だから、人気はますます上昇の一途だった。

上野〜秋田間を走る「つばさ」は、1963 年 7 月に 7 連化され、さらに 12 月からは上野〜盛岡間を走る 6 輛を併結するようになる。新製車の完成を待って、盛岡区に新たに 18 輛が転入し、それで福島分割で「(盛岡) つばさ」を受持つことになる。

1964 年早々に 12 輛が完成。それは 3 月から「まつかぜ」博多延長に充てられる。

次なる新特急は 1964 年 10 月のダイヤ改正で誕生する。それまでには先の盛岡分を含め 58 輛が新製され、29 輛が函館に、20 輛が盛岡（うち 16 輛は尾久からの転入）に 16 輛が向日町に配属されている（尾久は新製車と入れ代わった結果、7 輛減)。

これによって、北海道では「おおとり」が函館〜網走、釧路間で運転開始される。北海道で 2 本目の特急、網走には初の特急お目見え、というわけだ。

東北関係では奥羽線の増強ということで、上野〜山形間に「やまばと」が新設された。

少し遅れて 1964 年 12 月、20 輛が新製されて新たに和歌山区に配属される。いままで特急の走っていなかった紀勢線の天王寺〜名古屋間に特急「くろしお」が走りはじめることになる。東和歌山から名古屋に回送して、天王寺まで往復するその回送を活かす意味合いも兼ね、関西線経由の「あすか」もデビュウした。

こうして、80 系特急のピークともいえる 1965 年 10 月のダイヤ改正を迎えるのであった。

それにしても、こういう移り変わりを調べていくのは面白い作業だ。ノートをつくってまとめていた友人もいた。そんなコト知ってどうなるの？ いや、いってしまえばこういうデータをまとめることもりっぱな鉄道趣味のいちジャンル、表やグラフをつくってみるといっそう面白くなる。

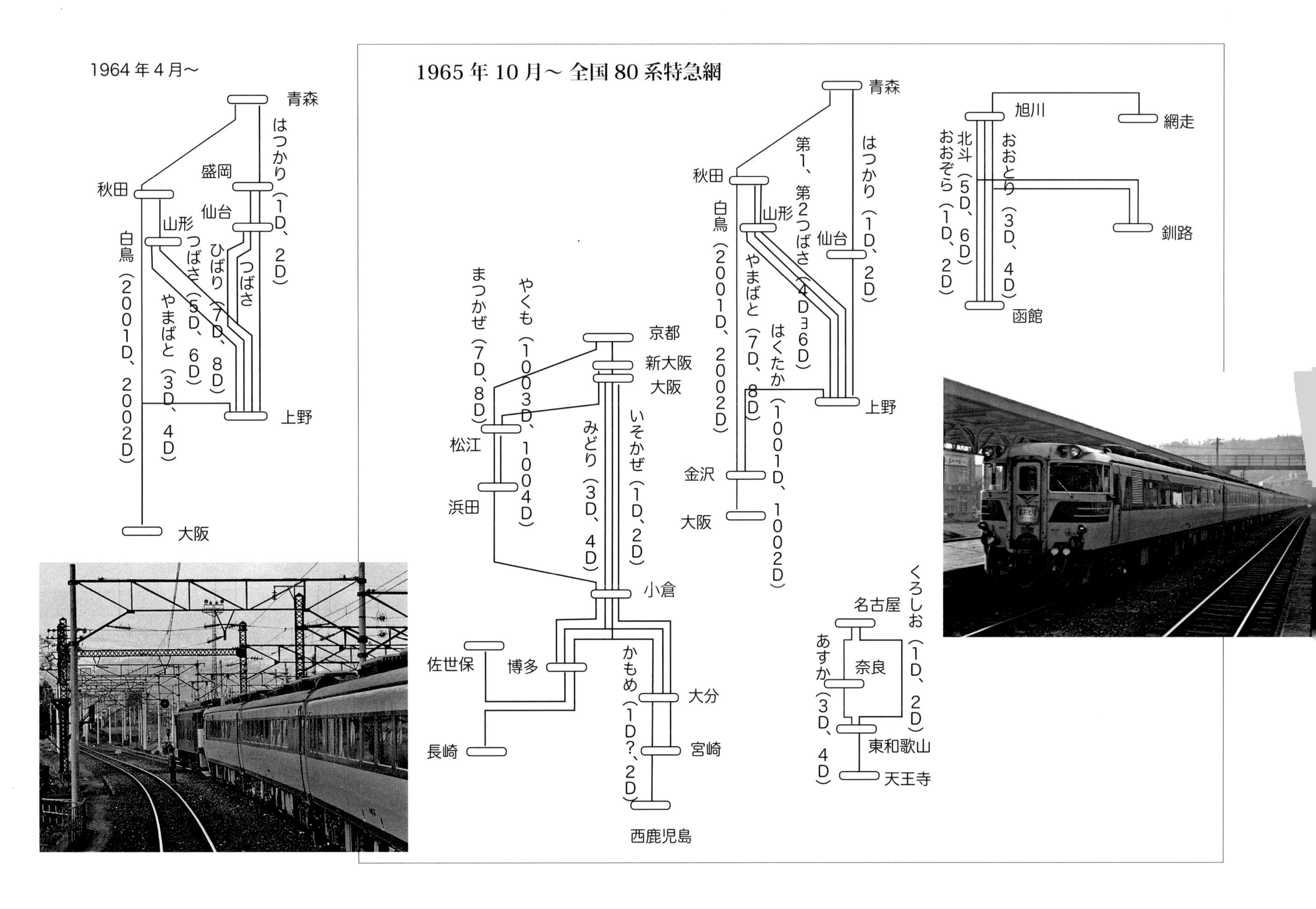

1964年4月〜
青森
はつかり（1D、2D）
盛岡
秋田
仙台
山形
ひばり（7D、8D）
つばさ
つばさ（5D、6D）
白鳥（2001D、2002D）
やまばと（3D、4D）
上野
大阪
1965年10月〜 全国80系特急網
青森
第1、第2つばさ（4Dョ6D）
はつかり（1D、2D）
秋田
山形
仙台
白鳥（2001D、2002D）
やまばと（7D、8D）
はくたか（1001D、1002D）
上野
金沢
大阪
旭川
網走
北斗（5D、6D）
おおぞら（1D、2D）
おおとり（3D、4D）
釧路
函館
まつかぜ（7D、8D）
やくも（1003D、1004D）
京都
新大阪
大阪
いそかぜ（1D、2D）
みどり（3D、4D）
松江
浜田
小倉
佐世保
博多
かもめ（1D?、2D）
大分
長崎
宮崎
西鹿児島
くろしお（1D、2D）
名古屋
あすか（3D、4D）
奈良
東和歌山
天王寺

やまばと

旅館
いそかぜ

北斗

ディーゼル特急のピーク

■ 1965年10月改正

1965年10月のダイヤ改正は、ディーゼル特急の充実を物語っていた。一方で、東北本線の盛岡電化、山陽本線の全線電化がそれぞれ完成し、新しく電車特急に置き換わったりもしたが、その捻出された車輌を利用し、新たな特急がいくつか誕生、既存の列車も増結やら本数拡大などいっそうの充実が図られた。

振り返ってみると、ディーゼル特急が一番充実していた瞬間、かも知れない。キハ81系、82系合わせて最大384輌が揃ったのは1967年1月のことだが、その少し前、まだ本線筋での活躍がより多かったのが、1965年10月のダイヤ改正時期であった。

前年1964年10月1日に東海道新幹線が開業し、東海道本線の特急電車が山陽方面に押し出される形になって西下したが、まだ非電化区間も多く、ディーゼル特急は全国区の花形、であった。

北海道は函館から札幌、旭川、さらには釧路、網走まで足を延ばしていたし、盛岡電化が完成して483系交直両用電車が走り出したとはいえ、「はつかり」は健在だったし、奥羽方面は増強、また「白鳥」から分かれた「はくたか」が上野〜金沢間で走りはじめた。

1965年3月から和歌山区に新たに配属されたキハ82系を使って、天王寺〜名古屋間で「くろしお」、名古屋〜東和歌山間で「あすか」が登場している。

山陰方面では「やくも」が新設されたほか、九州方面は経路が見直され、西鹿児島、佐世保まで至ったほか、筑豊線経由の「みどり」も走るようになった。1965年10月のダイヤ改正時、数えてみると全部で16往復のディーゼル特急が、日本全国を走り回っていたのである。

● 北海道（函館）
・「おおぞら」 1D/2D 函館〜滝川〜旭川、釧路
・「おおとり」 3D/4D 函館〜滝川〜釧路、網走
・「北斗」 5D/6D 函館〜旭川

● 東北、奥羽（尾久、山形）
・「はつかり」 1D/2D 上野〜平〜青森
・第1/第2「つばさ」3D/4D 上野〜福島〜秋田
・第2/第1「つばさ」5D/6D 上野〜福島〜秋田
・「やまばと」 7D/8D 上野〜郡山〜山形、会津若松

● 日本海縦貫（向日町、金沢）
・「白鳥」 2001D/2002D 大阪〜新潟〜青森
・「はくたか」1001D/1002D 上野〜長野〜金沢

● 紀勢、関西（和歌山）
・「くろしお」 1D/2D 名古屋〜東和歌山〜天王寺
・「あすか」 3D/4D 名古屋〜奈良〜東和歌山

● 山陰、山陽、九州（向日町）
・「まつかぜ」 1001D/1002D 京都〜小倉〜博多
・「やくも」 1003D/1004D 新大阪〜浜田
・「いそかぜ」 1D/2D 大阪〜小倉〜宮崎
・「かもめ」 3D/4D 京都〜小倉〜西鹿児島、長崎
・「みどり」 5D/6D 新大阪〜小倉〜佐世保、大分

特集
2

キハ81、82系の残された足跡

エルム
ELM

● 北海道には 6 本の 82 系特急

C62「ニセコ」の 5 分前に函館を発車していく「北斗」。14 時代の函館は鉄道好きにとって、まさしくゴールデンタイム、だった。まだまだ蒸機列車が多く見られる時代、走りはじめたディーゼル特急は、華やかなスターであった。

函館区に配属された 15 輌のキハ 82 系を使い、函館〜旭川間の「おおぞら」ではじまった北海道の特急列車は、当初から高い人気を得ていた。東京から「はつかり」、大阪から「白鳥」でやってきた旅人を深夜の連絡船、1 便で運び、そのまま「おおぞら」が受継ぐ、というダイヤ。上野〜札幌間 20 時間、同じく旭川までは 24 時間を切った、と話題になった。

青函連絡船との接続ということから、「おおぞら」は函館発 4 時 55 分という早暁のランナー。帰りも同様で、函館着は 24 時ちょうどであった。したがって、なかなかお目に掛かるチャンスはない、幻の特急でもあった。

編成は基本の 6 輌に、札幌切り離しのキロ 80 を含む 4 輌を加えた 10 輌編成。全線、6 時間 30 分で走破した。

走りはじめて 1 年後の 1962 年 10 月にはさらなる変化が起きる。その年 6 月の山陽線広島電化で廃止となった「へいわ」の 6 輌に新製されたキハ 80 型 2 輌を加えて、釧路に足を伸ばすことになる。基本 6 輌＋付属 5 輌となり、付属が旭川、キシ 80 型を含む基本編成が滝川から分離して釧路まで往復するようになった。運転時間を考えれば、理に叶った配慮というものであろう。

1964年にはキハ82型9輛、キハ80型12輛、キロ80型5輛、キシ80型3輛、計29輛が函館運転所に新製配属になる。転属車を加え一挙に三倍以上増の52輛という大世帯になって、新たに「おおとり」が誕生する。

前日までは東京〜名古屋間の151系特急だった「おおとり」の愛称が、新幹線開業で使われなくなったことから、「おおぞら」とペアを組む北海道での二番目の特急の愛称にされたのである。ときを同じくして上野〜青森間に寝台特急「はくつる」が誕生。連絡船の3便、4便に対応する列車となった。

この「おおとり」は旭川からさらに足を伸ばして網走に至る、函館〜釧路、網走間を走るもので、当初は滝川分割で7輛が3D、4Dとして釧路に、付属の5輛が2003D、2004D網走行となった。

ときを同じくして「おおぞら」も12連化され、7輛が釧路に至るようになった。即ち7輛が1D、2D函館〜釧路間、5輛編成2001D、2002D函館〜旭川間で運転され、堂々の12輛編成で函館〜滝川間を走るようになった。

1965年10月の改正では、三番目の特急として「北斗」が登場する。函館〜旭川間で、編成は切り離しなしの9輛編成であった。これは寝台特急「ゆうづる」と青函航路の5便、6便が対応した。面白い話としては、「ゆうづる」が上野〜青森間の急行「北斗」格上げ、という形で誕生。その「北斗」の名を道内特急が受継ぐという、逸話があった。

北海道はその後、キハ82系の活躍する一番の舞台になっていく。1967年3月には最後の新製車を使って「北海」が山線経由で、1969年10月には「エルム」が千歳線経由で函館〜札幌間を結び、より太い特急網を形成した。ときを同じくして「北斗」も増発されたが、車輛が間に合わずキハ56系7連で運転されたことがあった。奥羽線「つばさ」をキハ181系に置換え、キハ82系捻出の予定だった。

その後「エルム」は「北斗」に統合されて1971年7月に廃止になるが、1972年10月からは最後の新設特急となった「オホーツク」が札幌〜網走間に走りはじめた。

1980年代に入ると、北海道では四角いキハ183系が登場し、順次82系を淘汰していく。「おおとり」「オホーツク」「北海」は1986年11月まで運転され、それが北海道で最後のキハ82系特急になった。

それにしても、北海道には幾度も足を運んだけれど、いつも出遇うのは「北斗」ばかりで、なかなか他の特急に遭遇することは少なかった。

● 東北、東日本、81系の行方

ディーゼル特急のはじまりは、いわずもがな上野〜青森を結んだキハ81系「はつかり」であった。それが1961年のキハ82系の登場で山形、秋田方面にそれぞれ「やまばと」「つばさ」を新設し、さらなる増備を受けて、上野〜仙台間に「ひばり」が誕生した。

しかし、それは期間限定のようなもので、1965年10月には盛岡電化完成とともに、交直両用特急電車に置換えられる。同様に、1963年7月に7連化された「つばさ」は、さらに12月からは上野〜盛岡間を走る6輌を併結するようになっていた。これも電化により「やまびこ」として483系で運転されることになり、「(盛岡)つばさ」は消滅。代わりに上野〜秋田間の「つばさ」が2往復になった。

つまり1965年10月のダイヤ改正時点では、「はつかり」「つばさ」2往復、「やまばと」がディーゼル特急として走っていたことになる。このうち「やまばと」は郡山分割で会津若松行が併結された。編成は食堂車なしの6輌編成が2組使用された12両編成であった。

もうひとつの大きな変化は「白鳥」の上野行を切離して、上野〜金沢間の「はくたか」として独立させたこと。当初「白鳥」は向日町と尾久とで6輌ずつを受持っていたのが、1963年には全体が向日町持ちに移管されていた。

東北方面の電化の進捗は早く、1968年10月には青森までの全線電化が完成する。同時期に山形電化、磐越西線の会津若松電化も完成し、すべて電車に置換えられる。

「はつかり」も583系になり、キハ81系は「つばさ」2往復のうちの1往復を受持つようになる。キハ82系編成ともども7輌編成であった。

翌1969年10月の改正で、「つばさ」を2往復とも82系化、キハ81系は上野〜秋田間を上越線、羽越線経由で結ぶ「いなほ」が新設され、それに充当されることになる。それは上野での間合いを利用して上野(のち東京)〜平間の「ひたち」で往復することになり、それこそ通勤特急の先鞭をつけた。この時点でキハ81を含む80系は秋田区に移動、1969年でキハ80系は尾久区から姿を消し、入れ代わるように中央西線でデビュウした強力版キハ181系が新製配属になる。「つばさ」を置換えることで、補機なしで運転できるようにされた。

当の「いなほ」は両端がキハ81の7輌編成。キシ80はキサシ80改造の900番代だったりした。1972年3月、キロ改造キハ82900番代が秋田区に転入、3号車に使用され、一見キロが2輌のような9輌編成になった。

1972年10月、日本海縦貫線の電化完成で485系電車になり、キハ81系は1972年に和歌山区に移動、南紀特急「くろしお」へと転じる。

こと東北方面に関しては、先述のように電化が早く進んだこともあって、1965年10月のダイヤ改正の頃から、一気にピークを過ぎ終焉を迎える転期になったようだ。

いなほ
2011D、2012D
上野〜秋田
(上越線経由)

● 中部、西日本「くろしお」と「ひだ」

ディーゼル特急というのは、所詮電化完成までのつなぎ役、確かにその通りではあるが、電化完成区間から押出されるようにして、これまで特急列車に縁のなかった路線に華やかな特急カラーがお目見えするようになった。とくに特急列車も走らないなんて「本線」とは名ばかり、などといわれてきた亜幹線筋にも、それこそ鳴り物入りでキハ82系の特急が就航した。

1965年3月に紀勢本線と関西本線に「くろしお」と「あすか」が走りはじめたのが、その皮切りというものだった。新製された20輌のキハ82系を新たに和歌山区に配属。それを使って、紀勢線で紀伊半島をぐるりと回って、天王寺〜名古屋間を結ぶ。もとより観光路線のこと、キロを2輌組込んだ7輌編成が特徴的であった。

長駆500km余を9時間近く掛けて走る「くろしお」の合間を使って、名古屋〜東和歌山間を4時間足らずで走る「あすか」も誕生した。これは、明暗相対する結果になるのだが、名古屋から関西本線、阪和線経由だが途中貨物線を走る区間もあり、マニアックな楽しみもあった列車。所属の和歌山区への回送列車、などと揶揄されるなか、わずか2年半のちの1967年10月には廃止されてしまった。

「くろしお」の方は白浜行、新宮行などを増発、はたまた名古屋側からも紀伊勝浦行「南紀」も設定されるなど、観光特急として人気を高めていく。1972年10月からはキハ81系が投入され、キハ81、82系の天国のような雰囲気が漂っていた。

もうひとつ、名古屋からは高山本線に「ひだ」が運転開始される。それは1968年10月から走りはじめたもので、1011D、1012Dが名古屋〜金沢間を5時間あまりで結んだ。北陸本線に入るために富山折返し、食堂車なしの6連でのスタートであった。これは、「はくたか」を受持っていた金沢区の担当であった。

高山線の「ひだ」が大きく姿を変えるのは1970年代も半ばになって、のことである。1975年3月のダイヤ改正から金沢区に残っていた10輌が名古屋区に移管された。さらに向日町区からも12輌が転入し、それを使って名古屋をベースにして「ひだ」の増発が行なわれた。

1976年10月のダイヤ改正で、「ひだ」1号／2号（名古屋〜飛騨古川間)、「ひだ」2号／3号（名古屋〜高山間)、「ひだ」3号／1号（名古屋〜金沢間）に加えて、名古屋鉄道から乗入れの「北アルプス」特急格上げにより、4往復のディーゼル特急が走ることになる。「北アルプス」については、別項でも紹介する。

1978年10月にはさらに1往復、キハ82系の「ひだ」が増発され、これまでの号数が下り列車は奇数、上り列車が偶数の「ひだ」1〜8号に変更された。1985年3月からは「ひだ」が高山または飛騨古川止まりになり、逆に「北アルプス」が富山まで運転区間が延長される。同時に名鉄神宮前駅は新名古屋駅とされるようになったが、いずれにせよ国鉄列車に代わって、名鉄特急が高山線全線を運行する、という面白い現象が話題になったりした。

高山線はその後も長くキハ 82 系の活躍がみられ、それは 1980 年代になっても変わることはなかった。各所で電化や 181 系化で余剰となった車輛が転入してきて、名古屋区の初期型を淘汰していくという図式で、「82 天国」の様相はつづいたのであった。

少し前後するが、1965 年 8 月の準急「たかやま」神宮前〜高山間でスタートした名鉄の乗入れは、1970 年 7 月から「北アルプス」に愛称変更。夏のシーズンには飛騨古川から富山地方鉄道立山線立山まで乗入れるようになっていた。このときに 2 輛つくられていたキロ 8100、8150 は改造されキハ 8101、8102 になっているが、窓配置等はキロ時代のままで異彩を放っていた。

1976 年 10 月のダイヤ改正で特急に格上げされたとき、キハ 82 系に倣って車体前面に「羽」模様が追加された。特急「北アルプス」は、1984 年 7 月には立山乗入れを廃止、前述のように 1985 年 3 月から富山まで運転区間延長、という経過を辿った。

1987 年 4 月の JR 分社化後も乗入れ運転はつづけられ、それは名鉄〜 JR 東海〜 JR 西日本と三鉄道直通列車として話題になったものだ。

1989 年 2 月から「ひだ」が順次キハ 85 系に置き換わったのに準じて、名鉄も 1991 年 3 月からキハ 85 系に近い仕様で新製されたキハ 8500 系に変更された。塗色も白が基調になっており、「北アルプス」は 2001 年 10 月まで命脈を保った。

● **四国と山陰と…**

われわれ世代の最大の興味対象は消えゆく蒸気機関車、であった。申し訳ないけれど、ディーゼル特急も蒸機撮影のオマケのようなものであった。したがって、蒸気機関車に縁の薄かった地域では、なかなか訪ねる機会が持てなかった。

山陰特急「まつかぜ」はキハ82系登場とともに京都〜松江間で走りはじめた第一陣だったわけだが、その後、松江から、そのまま山陰線で足を伸ばして、博多まで走るようになった。1964年3月から、米子で3輌を切離す9輌編成であった。

二本目の山陰特急となるのは「やくも」。1965年10月のダイヤ改正で設定されたが、東北の「つばさ」電車化による転用ということで実際の運転開始は11月からだった。新大阪〜浜田間の運転で「まつかぜ」の補完をするとともに、城崎停車など、観光特急の印象もあった。

1972年になると3月15日の新幹線岡山開業を受けて、山陰特急の見直しが図られる。つまり、山陰でも西側の出雲地方は、岡山から新幹線に接続して利便性向上が図られた。これまでの「やくも」は改称して「まつかぜ」2往復体制とし、伯備線経由の特急に「やくも」の名が与えられることになる。

つまり、「まつかぜ」は京都〜博多間、大阪〜鳥取間各1往復、「やくも」は岡山〜出雲市、益田間に4往復走るようになったが、それはキハ181系であった。

それとは別にキハ82系使用の京都発の特急が一挙に4本新設されたのが注目だ。それは先の観光特急の志向を加えた、少し性格のちがう特急でもあった。

愛称は「あさしお」。

・「あさしお」1号/4号　11D/12D　京都〜西舞鶴〜城崎
・「あさしお」2号/3号　13D/14D　京都〜綾部〜倉吉
・「あさしお」3号/2号　15D/16D　京都〜綾部〜城崎
・「あさしお」4号/1号　17D/18D　京都〜城崎〜米子

編成は7輌＋付属3輌の10輌と7輌のみがあった。

この「あさしお」はよくも悪くも、この先の方向性を表わしているようだった。各地に特急列車が走るようになったのはいいけれど、ほとんどの駅を通過して行く特急ではそれがある意味、地元との密着という点で鉄道全体の存在感を薄くした、そんな印象が拭えない。

同時期に播但線経由で新大阪〜倉吉間、大阪〜鳥取間で運転の「はまかぜ」2往復も新設されたが、同じような感じを受けたものだ。

新幹線が博多まで開業した1975年3月10日からは、小郡で接続して鳥取、米子に至る「おき」が3往復設定された。それは「かもめ」の廃止による車輌の転用で、食堂車なしの6輌編成とされた。

四国というのもわれわれにとって縁の薄かった地域のひとつなのだが、しかしながら四国にキハ82系ディーゼル特急が走ったことはない。四国で最初の特急である1972年3月の「南風」「しおかぜ」からキハ181系で、結局キハ82系が足跡を残すことはなかった。

右の写真は181系「しおかぜ」。

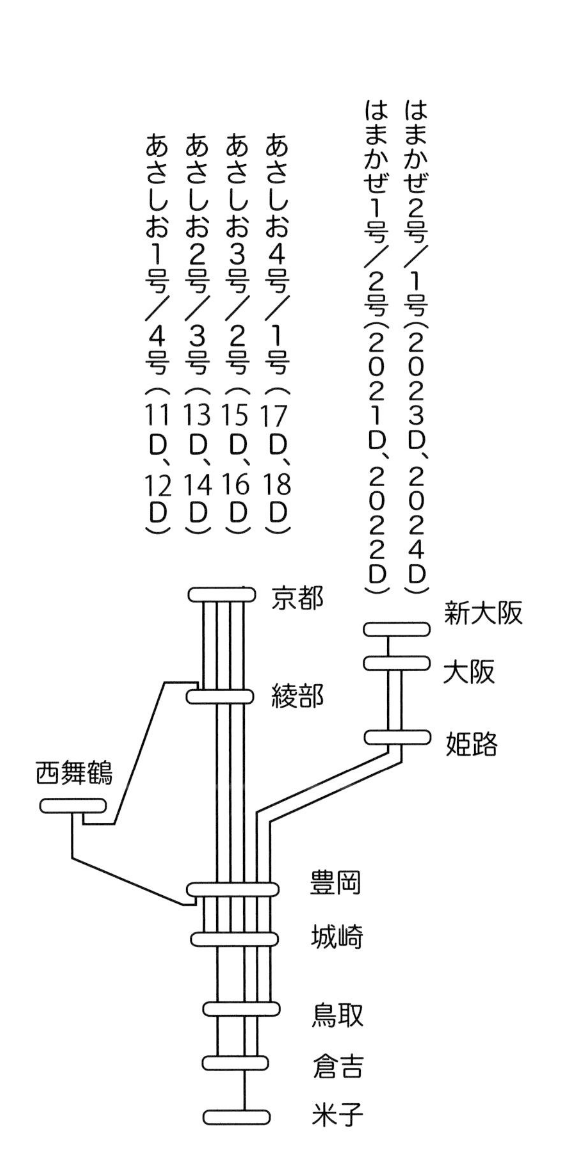
はまかぜ2号／1号（2023D、2024D）
はまかぜ1号／2号（2021D、2022D）
あさしお4号／1号（17D、18D）
あさしお3号／2号（15D、16D）
あさしお2号／3号（13D、14D）
あさしお1号／4号（11D、12D）
京都
綾部
西舞鶴
豊岡
城崎
鳥取
倉吉
米子
新大阪
大阪
姫路

しおかぜ
SHIOKAZE

● **西日本、九州 ―― 九州内特急も**

1961年のキハ82系の登場時、向日町を基地として、山陽本線から九州方面に「かもめ」「みどり」、広島行の「へいわ」、山陰線松江行の「まつかぜ」の4本が走りはじめた。

それは、たとえば広島電化で「へいわ」が廃止になったりはしたものの、九州方面に直行できるというメリットを充分に活かして、増強がつづいた。1963年に尾久区持ちだった「(上野) 白鳥」が移管されてきたのを含め、しばらくの間、日本一のディーゼル特急基地でありつづけた。

1963年10月から「かもめ」は14輛編成に増強されたり、新幹線開業時には新製車が増備され110輛もが配属になった。1964年7月には向日町運転区が運転所に格上げされていた。そして10月、新幹線から九州への便をいっそう高めるべく、新大阪発の「みどり」が熊本、大分行で運転をはじめる。

こののちも、電化区間を走りつつも、それから先の非電化区間を走って九州各地を結ぶディーゼル特急の需要は、高まる一方であった。それに応えて、列車の組替えが頻繁に行なわれた。つまり1965年10月のダイヤ改正で最初の全面見直しが行なわれ、3本の特急が走ることになる。

熊本電化完成により、新大阪〜熊本間の「みどり」は電車化され名古屋〜熊本間の「つばめ」になった。それを受けて、「みどり」は筑豊線経由で佐世保行を新設、新大阪〜大分、佐世保間で運転。また「かもめ」は西鹿児島行を新設して、京都〜長崎、西鹿児島間になった。宮崎行として

は新たに「いそかぜ」を新設。大分切離しを含み、大阪〜宮崎間を走るようになった。

初到達の西鹿児島をはじめとして、宮崎、大分、長崎、佐世保にキハ 82 系が顔を見せるようになったのである。

1967 年 10 月には幸崎電化完成、つまり大分までは電化されたことにより、ふたたび見直しが行なわれた。「みどり」が新登場 581 系電車になったことから、「かもめ」「いそかぜ」が見直されて、それぞれ京都〜西鹿児島、長崎間、大阪〜(筑豊線経由)佐世保、宮崎間で運転されるようになった。そして「みどり」で使われていた車輛は新設特急「有明」に充当されることになる。これは鹿児島区配属で門司港〜西鹿児島間で運転される初の九州内特急であった。

これから先も動きは活発で、1968 年 10 月には「いそかぜ」に代わり「なは」「日向」が誕生。併結で大阪をスタートし、小倉分割で「なは」は西鹿児島へ、「日向」は宮崎へ向かう。そして「かもめ」は博多分割で長崎、佐世保行となった。これに、九州内特急「有明」に新たに日豊線経由で博多〜西鹿児島間に新設された「にちりん」を加えるというという布陣。

1974 年 4 月に宮崎電化、1975 年 3 月 10 日に新幹線博多延長、1976 年 7 月に長崎、佐世保電化を受けて、肥薩線、吉都線経由で博多〜宮崎間を結ぶ「おおよど」が誕生。食堂車なしの 7 輛編成で、「おおよど」「にちりん」は 1980 年 10 月のダイヤ改正まで走りつづけ、それが九州地区最後のキハ 82 系になった。

● 引退の記録　…　32 列車に足跡を残す

われわれが気付いた頃には、もう消滅していた… そんな印象の最右翼は「へいわ」だ。走りはじめてわずか 8 ヶ月、1962 年 6 月に廃止になっている。大阪〜広島間、広島までの電化が完成したのだから、電車特急に吸収されてもしかたあるまい。以下 1960 年代には 8 列車が消えた。

・「へいわ」　1962.06　電化により電車特急に吸収
・「ひばり」　1965.10　電車化
・「みどり」　1967.10　電車化
・「あすか」　1967.10　利用客少数のため廃止
・「はつかり」「やまばと」　1968.10　電車化
・「いそかぜ」　1968.10　列車統合見直しにより廃止
・「はくたか」　1969.10　電車化

1970 年代も鉄道は進化をつづけていた。いくつかの路線で電化が進捗し、一方新幹線も西へと延びて、1972 年 3 月に岡山、1975 年 3 月にはついに九州に上陸、博多まで到達する。それに伴い姿を消したものは次のようである。

1970 年 9 月、鹿児島本線電化完成。これに伴い、
・「有明」　1970.10 月　電車化

それと前後して
・「つばさ」　1970.02　キハ 181 系化、補機廃止
・「エルム」　1971.07　列車統合見直し
・「やくも」「おき」　1972.03　岡山発で統合キハ 181 系化

1972 年 10 月の日本海縦貫線の全線電化完成。
・「白鳥」「いなほ」「ひたち」　1972.10　電車化

1974 年 4 月に日豊本線の宮崎電化が完成。
・「なは」　1973.10　電車化
・「日向」　1974.04　電車化

1975 年 3 月の新幹線博多開業では、「かもめ」が廃止。「おき」3 往復がキハ 82 系により山口線経由 小郡〜米子、鳥取間で復活するが、1976 年 10 月には「つばさ」の電車化で押し出されたキハ 181 系化。

そんななか、1975 年には廃車の第一陣が現われたりした。3 月にキシ 80903（キサシ 801 改造）、4 月にキシ 80 9、キシ 80902（キサシ 803 改造）… という具合だ。

最終的には北海道、九州、西日本の限られた区間で 80 年代以降も活躍がみられた。以下、引退の記録を残しておく。運転区間は引退の時期最後の頃、ダイヤ改正時期が基本。

北海道ではすでに「エルム」が姿を消し、残るは 5 列車。
・「おおぞら」1961 年 10 月〜 1982 年 11 月　最後の 1 往復がキハ 183 系化　札幌〜釧路
・「おおとり」1964 年 10 月〜 1986 年 11 月　183 系化　北海道最後の 82 系　函館〜東室蘭〜網走
・「北斗」1965 年 10 月〜 1985 年 3 月　5 往復中 4 往復キハ 183 系化、残る 82 系 1 往復は季節列車に　函館〜東室蘭〜札幌〜旭川
・「北海」1967 年 3 月〜 1986 年 11 月　2 往復中最後の 1 往復　廃止　函館〜小樽〜札幌
・「オホーツク」1972 年 10 月〜 1986 年 11 月　183 系化　札幌〜旭川〜網走　3 往復のうちの最後の 1 往復

九州は、1974年4月から肥薩線、吉都線経由で博多～人吉～宮崎間に新設された「おおよど」と日豊線経由の博多～小倉～西鹿児島間「にちりん」が残っていた。
・「おおよど」「にちりん」　　1980年10月　廃止

山陰関係では、
・「はまかぜ」　播但線経由､1982年7月　キハ181系化
・「あさしお」　1982年7月　4往復すべてキハ181系化
・「まつかぜ」　1985年3月　最後の1往復キハ181系化

1978年10月に新宮～和歌山間の電化完成により、紀勢本線の「くろしお」は新宮、白浜～天王寺間が381系電車に置換えられ、非電化の名古屋側については、「南紀」が名古屋～紀伊勝浦間で1往復運転される。

● JR分社化後の82系

1987年4月に国鉄のJR分社化が行なわれるが、その時点で残っていたのは、JR北海道に15輌、JR東海に50輌の計65輌。内訳は北海道がキハ82x6、キハ80x6、キシ80x3、東海がキロ80x9、キハ82x16、キハ80x25。翌1988年にキロ8057をキロ80701として復活させている。ただし、おなじく改造されたキロ82801、キロ80801と組んだ3連の「リゾートライナー」で、定期列車用ではない。

北海道は臨時用と観光用改造車、予備車で、定期列車としては「ひだ」と「南紀」がJR以後も残る列車となった。

高山本線の「ひだ」は
・「ひだ」　　1990年3月　　キハ85系化された。

結局最後まで残ったのは「南紀」で、1992年3月にキハ85系化されて消滅した。これが最後の82系定期運用列車となった。

この後もキハ8273、105、キハ8099、キロ8060の4輌が残され、2008年、09年3月に廃車。
うち、キハ8273が名古屋の「リニア・鉄道館」に保存。

これでキハ82系も営業路線からすべて姿を消した。

右はキハ81、82系の足跡を残した路線と基地。

■ キハ81、82系32特急

列車名	区間	'65 '70 '75 '80	解説
おおぞら	函館～旭川、釧路		北海道で初の特急列車。最初は函館～旭川間で運転。
おおとり	函館～釧路、網走		函館から途中分割して、釧路、網走へとロングラン。
北斗	函館～旭川		寝台特急「ゆうづる」に接続して、旭川に直行する。
北海	函館～小樽～札幌		初めて「山線」を走る特急。勾配路線だが20分ほどの差。
エルム	函館～札幌		「北斗」から分離独立したが、間もなく「北斗」に再吸収。
オホーツク	札幌～網走		札幌始発の特急。北海道で最後に誕生した82系列車。
はつかり	上野～平～青森		ディーゼル特急の元祖。キハ81系9連でスタート。
つばさ	上野～秋田		キハ82系のデビュウ特急のひとつ。板谷峠補機付。
やまばと	上野～山形		のちに郡山で分割して、会津若松まで磐越西線を走る。
ひばり	上野～仙台		交直両用特急電車がなく、架線の下を走るディーゼル特急。
いなほ	上野～酒田～秋田		キハ81系、第二のおつとめ。羽越線経由で秋田まで。
ひたち	上野、東京～平		「いなほ」の空き時間を使ってなれたる常磐路を走る。
白鳥	大阪～青森、上野		これぞキハ82系の本領発揮。日本海縦貫のロングラン。
はくたか	上野～金沢		「白鳥」の上野行を独立させて碓氷峠経由で上野まで。
かもめ	京都～長崎、佐世保		名列車「かもめ」だが、運転区間、経路など変化多し。
へいわ	大阪～広島		運転開始して間もなく広島電化完成で短命に終わった。
みどり	大阪～博多		大阪または新大阪～九州間特急として、柔軟に変化。
いそかぜ	大阪～宮崎		大阪～宮崎、のち佐世保行も。のち181系山陰特急に。
なは	大阪～博多～鹿児島		13時間以上を掛け鹿児島までロングラン。のち電車化。
日向	大阪～宮崎		大阪～小倉間は「なは」と併結して走った。のち電車化。
有明	門司港～西鹿児島		初めて誕生した九州内特急。3年で電車に置き換わる。
にちりん	博多～西鹿児島		1972年4月～電車で増発されるが、1往復は残る。
おおよど	博多～人吉～宮崎		肥薩線経由の博多～宮崎間特急。九州で最後の82系。
ひだ	名古屋～金沢		名古屋～金沢まで運転開始されるも、運転区間は多様。
くろしお	名古屋～天王寺		紀勢線の観光特急。81系の最後の働き場として人気。
あすか	名古屋～東和歌山		和歌山区への回送を兼ねた列車は観光を狙うも短命。
南紀	名古屋～紀伊勝浦		最後のキハ82系定期運用。1992年3月にキハ85系。
まつかぜ	京都～松江、博多		松江までの山陰特急。のち博多延長をはじめ増発も。
やくも	新大阪～浜田		「まつかぜ」の補完で誕生、のち181系伯備線特急に。
あさしお	京都～倉吉ほか		山陰地方の観光をも考慮して一挙に4往復が誕生。
おき	小郡～米子、鳥取		新幹線博多延長に伴って、小郡発の山口線経由3往復。
はまかぜ	新大阪～鳥取ほか		播但線経由で新大阪～倉吉、鳥取間、のち181系化。

特集
3

折々に出遇った キハ81、82系

キハ81

■ 1960年代の観察記録

「はつかり」は機会あるたびに、蒸気機関車撮影を兼ねてなんどか撮影することができた。それだけでなく、上野駅で遭遇したり、基地である尾久区を訪ねたりしたものだ。

9輌編成2本に予備車を足しても26輌という少世帯。いまになってみれば、それこそ1輌ずつをしっかりカメラに収めておけば面白かっただろうな、などと思うのだが、その当時のフィルム事情はそれを許さなかった、と思い直す。特に先頭部分など、それこそ1輌ずつが微妙にちがう、そういうのを拘ってしまうのが趣味人気質、というものだ。

それでも、尾久区では「はつかり」時代に連結器カヴァを外した姿や、珍しくボンネットを開いたシーンなどに遭遇し、そのたびにちょっとした興奮を覚えたものだ。

残念ながら自身では乗車体験をしたことはなく、親戚の北海道旅行のときの切符を頂戴した。「おおぞら」と通しの切符、というのが興味深い。

特別急行券
4月4日 乗車駅発 20時30分
おおぞら 9号車 9番 D席
4月5日 青森 5時05分
はつかり 9号車 9番 D席
乗車駅 苫小牧 下車駅 上野 2等 夕張駅発行
600円 900円

はつかり
HATSUKARI

キハが３輌、、それもキハ 80、キハ 82、キハ 81 と連なっている。キハ 81 が少し変。よく見たらボンネットが開いているではないか。

近寄ったところはご覧のよう。151 系のように上部だけが開くのかと思いきや、キハ 81 の場合はサイドからチェックする必要があったからだろうか、大きく一体に開く。一本のステイで支えられている姿など、まるで大きなボンネットバスのごとくだ。ちょっと近寄りがたい気もして、覗き込みたいのを堪えてその場を離れたが、いま思うと残念至極の後悔が大きい。

はつかり
HATSUKARI

● それにしてもこの鈑金

もちろんオトナになってからの感想である。むかし撮った写真を見返して、つくづく思ったことだ。

左の写真、平面だとばかり思っていた前照灯部分が山折になっていたり､前面の手すりが左下の１個だけ大きくなっていたり、運転台上部の雨樋など、いろいろ気付かされることが多い｡前面窓､センターピラー部分の室内に､ボンネット部分搭載の発電用エンジンの排気管が通っている。

それとともに、綺麗な平面に見える車体がじつはこんなに凹凸があるものか、と驚かされる。もちろん一直線になる筈のボンネットサイドのラインもみごとに食い違っている。たとえばこれがクルマだったとしたら絶対クレームがつくどころか、不良品として世にでることはないだろうレヴェルである。

そのサイズ、一品生産であることを考えると、無理もないこと… というより、これでも充分スムースで美しいと映る鉄道車輌、それも憧れの特急ということに改めて唸ったものだ。

右の写真は左と同じキハ 81 6だが、ボンネット正面下方の凹みやサイドのラインの食い違いなどはそのまま(p023 の写真参照)、タイフォーンのカヴァがはずされているのが目に付く。奇妙な形のカヴァだが、どういう仕組みになっているのか、吹鳴時に上方に開くとは聞いているものの、いまひとつ構造が理解できていない。

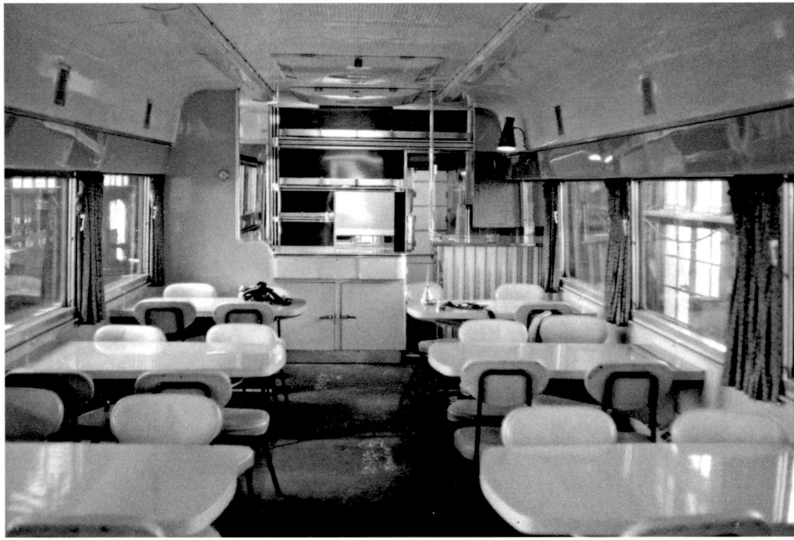
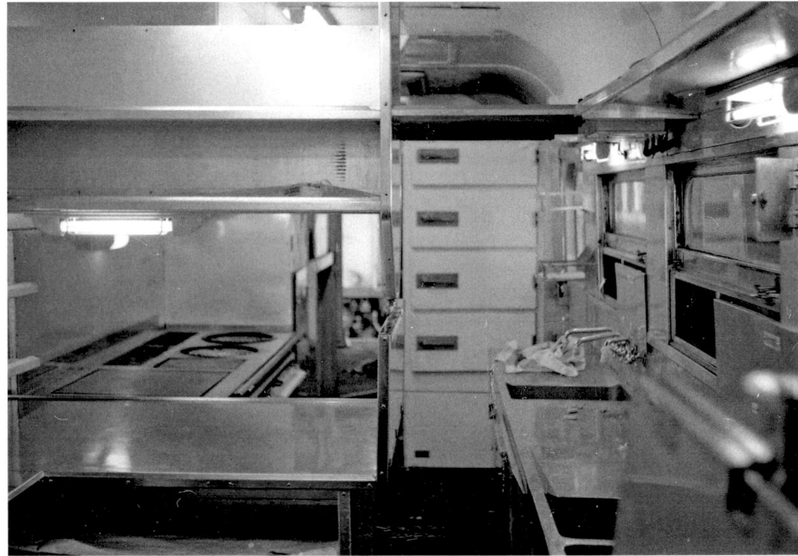

● **それにしてもこの保存**

キハ81系は思いのほか長命であったというべきだろう。初期のトラブルつづきの頃は、ひょっとしてこのままディーゼル特急は終わってしまうのではないか、とさえ思えた。それが20年近く東北、奥羽、紀勢線などで活躍しつづけたのだから。

廃車になったのは「くろしお」が電車化されたのち、1977年12月からで、まずキハ81 1、2、4、6の4輌。遅れてキハ81 5が79年7月、最後にキハ81 3が1979年10月に廃車された。それに先立っては1978年9月30日に「さよなら運転」も行なわれた。

1980年から「交通科学博物館」にキハ81 3が保存されていたのはご存知の通り。1986年には「準鉄道記念物」に指定され、2014年から「京都鉄道博物館」に移転している。

それにしても、このヘッドサイン部分は酷い。表側のサインボードが欠落、内側の電光部分の外板に「くろしお」と描き込んだ、というお粗末だ。展示車もキハ81 3ではなくキハ81 5との噂もあり、しっかり考証、復元してもらいたいものだ。「準鉄道記念物」がこれでいいのだろうか。

左は興味を魅いたキサシ80の丸窓。なんのことはない、従業員用のトイレだった。食堂車室内は尾久区内で撮ったものだが、なぜかキサシ80の外観は撮り損なっている。上はキシ80 6。水タンクは室内に装着している。下はキロ8016で、水タンクを屋上に載せている。それにしても保存キハ81のヘッドマークには違和感しか感じられない。なんとかして欲しいものである。

キハ82「白鳥」は…

■ 1960年代の遭遇記録

キハ81系があっという間にモデルチェンジしてしまったのにはいささか残念という気持ちもあったけれど、登場したキハ82系も充分に魅力的であった。機会あるたびにカメラを向けたが、それにしても大活躍の「白鳥」はいろいろなところで遭遇した。

日本海に沿って縦貫し、編成の半分は碓氷峠を越えて上野までやってくる。関西で遇い、米原で遇い、長岡で遇い… この写真はお気に入りのひとつ、信越線笠島付近をいく82系「白鳥」。82系目当てに行ったような場所だった。

もちろん上野駅でもなんどか遭遇したものの、ほどなく「はくたか」が登場するに及んで、「白鳥」は大阪〜青森間を走るだけになってしまった。

右、日本海沿いを走る「白鳥」。走行シーンは初めてで、大きなインパクトを受けたものだ。左は京都駅における「白鳥」。終着近く、京都駅でも降りる乗客は少なくなかった。修学旅行の時に宿を抜け出して、京都駅で数時間を過ごした。

左は米原駅を発車していく「白鳥」。上の雪のシーンは冬の長岡。新潟切り離し4輌を加えた堂々の14輌編成であった。右の2点は上野駅到着の「白鳥」。このあと尾久区に引上げていく。

1965年10月14日

■ 短命に終わった「あすか」のこと

全国で大活躍、大人気の82系特急の中で。短命に終わってしまったひとつに「あすか」がある。名古屋〜和歌山間を走るものだが、紀勢本線経由の「くろしお」の運転間合いを使って、関西本線を走るものであった。基地である和歌山区に戻ることも考えて、グッドアイディアの列車だった筈だが、利用率が低いという理由でわずか2年で廃止になってしまった。

若かりし頃、修学旅行が関西での撮影にどれほど役立ったことか。古刹見学も上の空、このときも奈良での自由時間のほとんどを奈良区で過ごした。「あすか」はそのときのハイライトのひとつ。構内で発車までを見送った。

1980年9月5日

■「北アルプス」との遭遇

名鉄にディーゼルカー？ まあ身近かな小田急にも国鉄御殿場線乗り入れ用にディーゼルカーがあったから、それほど驚きはしなかったけれど、側窓が一体になったようなスタイリングは、キハ82似の前面と併せ、素敵なものだった。

そのキハ8000系は1965年と1969年に6輛ずつ12輛。内訳はキハ8000型（片運転台、走行用エンジン1基）、キハ8050型（中間車、エンジン2基）、キロ8100型（片運転台、一等車、エンジン1基）、キロ8150型（キロ8100の中間車）、1969年増備時にキハ8200型（片運転台、エンジン2基）5輛がキハ8000型1輛とともにつくられた。

キハ8200は発電用エンジンも搭載しているので、都合3基エンジン。そのため全長が他車の19m級より1m長く、曲線通過の配慮で車体幅が2710mmと狭いのが特徴だ。

まだ特急格上げ前のキハ8000系を豊川橋りょうで撮影（次ページ）したことはあったけれど、特急になってからは出遇うチャンスはなかった。

それが、ひょんなことから遭遇できたのは1980年のことだった。念願のクルマを手に入れ、長距離一周を実行した。新車ならエンジンのランニングインのためにまずは数100km走り込むということがあるが、この時は自分がクルマに慣れることが主眼。深夜の東京を発って中央高速〜高山〜金沢〜糸魚川〜松本〜中央高速というコース。

幸運なことに高山線沿いの国道41号線を走っているときだ。向こうから列車がやってきた。色だけでとりあえあず「特急」だと解る。場所を選ぶ余裕などはない、クルマを停め、カメラを構える。

なんと、それがキハ8201を先頭にした「北アルプス」であった。あとにも先にもこの一回のみ、それだけに印象深いキハ82系とは似て非なる8000系ディーゼル特急であった。

3
4
5

ラケット

あとがきに代えて

特急電車は走り出したら停まらない印象があった。一度スピードに乗ってしまうと、本線をできる限りのスピードで目的地に向かって走り抜けていく。新幹線がまだ存在しない時代の特急電車のイメージもそんな、であった。

ところがディーゼル特急ときたら、そもそもが加速が鈍い上に、走る線区もカーヴやアップダウンが多い。いやそれ以上に単線だったりして、ポイントを渡って速度をいちいち落とさねば駅を通過できない。そんなハンディを抱える上に、非力なディーゼルエンジンで、思い返すとよくも頑張ったものだ、といまさらに贔屓目の讃美をしたくなったりする。

特急電車もそうであったが、ディーゼル特急も案外たくさん撮っているものだなあ、と本書をまとめながら改めて感じたものだ。まあ、それだけ蒸気機関車を追い掛けて走り回っていた、ということなのだが。

特に常磐線にC62を追いかけていたころは、「はつかり」も大きな目的のひとつになっていた。

キハ81のボンネットの写真を見ながら、思わず愛車を連想した。この英国製スポーツカー、ご覧の通りエイヤッと気合いで重いボンネットを開いて整備する。キハ81はさぞかし大変だったろうに。もっと大きく開くのだろうか？ それも気になるところ。

常磐線富岡。駅から歩くこと1時間。大カーヴで列車を待った。C62の牽く列車が何本か通り過ぎたあと、重々しいサウンドとともに「はつかり」がやってきた。アップもいいけれど、遥か向こうに行ってしまった写真がお気に入りだ。

冬枯れの田圃の向こうに農家が一軒、線路の奥には松林があって、海がちらりと覗いている。ちょうど「はつかり」が富岡川の鉄橋を渡っているシーン、表4の写真である。

＊　＊　＊

モデル（鉄道模型）の話をさせていただきたい。おそらくご存知の方も少ないかもしれない、いささか手前ミソで恐縮だがお気に入りのキハ81、キハ82系のモデルである。

人気車だけにいろいろなサイズで模型製品になっているが、いつも気になるのがひとつに狭軌感があるか、という点。線路と車体の関係、特に線路そのものがひ弱な国鉄路線とキハとの対比がポイントだ。で、このモデルはスケールが1/120、線路幅9mmで、写真で使った線路は英国PECO社製「軽便本線用」というものである。900x1800mm、つまりヴェニア板1枚で走せることができ、ディテールの細かさもちょうどいい按配、ずっとお気に入りのまま、ふとひと息入れる時にエンドレスを周回させて和んでいたりする。

いや、1/120、9mmゲージ、「TT9」というブランドを立ち上げたのは小生なのであるが、初めての完成品として少量生産したのがキハ81、キハ82系である。いうまでもない、もともとが模型製造会社の経営者というより、好きで鉄道模型を頑張ってきたものだ。どうしても自分が欲しかったものを模型で再現する、それも自分ではまず不可能な綺麗な塗装などを含め、実現するには完成品しかない、というのでお願いした。もちろんずしりと重い真鍮製の少量生産モデルである。

1/120、9mm ゲージのキハ 81 系、82 系。線路と車体の関係に拘った「ファインスケール」。上の写真がほぼ原寸だから、その緻密なディテールに目を見張る。

いくつかの拘りを頼み込んだ。モーターをキハ 81、キハ 82 の先頭部分、食堂車の調理室部分に収納してもらい、室内も再現するようにした。もっと大きなサイズの模型が、室内にモーターなどが設置されているのに、TT9 の出来栄えには大いに満足している。このよさ、解ってもらえないかなあ。

これで、いつまでも身近かにディーゼル特急がイメージできるというもの。模型世界の素晴らしさ、恩恵を享受している。

＊　　　＊　　　＊

もうひとつ、手前ミソだが、キハ 81 のボンネット、常識的には中央部分のみが開閉すると思いきや、なんとご覧の通りだ。小型のスポーツカーでさえ、腰を気にしつつ「エイヤッ」なのだから、キハ 81 のそれは想像にあまりある。

それに開くと前のキハ 80 の幌に接触しそうだし、最初からこの設計だったのだろうか。重さなど気にする必要はなかったのだろうか。

件のクルマの場合は、FRP 製の軽量ボンネットがつくられたり、前方下方をヒンジとする改造も現われたりした。

＊　　　＊　　　＊

それにしても時代の先端を走っていた車輌は、短い時間でより新しいものに更新されてしまう。そう考えると、キハ 81 系、82 系は思いのほか長寿であった、というべきかもしれない。

正直なことをいうならば、引退の時期にはもうすっかり興味はほかのところにいっていた。だから、知らぬ間に消えていてこん回改めて知ったようなことも少なくない。

こうして模型で再現し、記録として本書を表わしたことで、キハ 81 系、82 系はいっそうしっかりとイメージが定着されたような気になっている。ひとつの時代を築いた忘れ得ぬ名車、好きだった佳き時代の車輌… 同好の諸賢と分かち合うことができたら嬉しい限りだ。

2024 年晩秋に

いのうえ・こーいち

いのうえ・こーいち　著作制作図書

- 『**世界の狭軌鉄道**』いまも見られる蒸気機関車　全6巻　2018〜2019年　メディアパル
  1、ダージリン：インドの「世界遺産」の鉄道、いまも蒸気機関車の走る鉄道として有名。
  2、ウェールズ：もと南アフリカのガーラットが走る魅力の鉄道。フェスティニオク鉄道も収録。
  3、パフィング・ビリイ：オーストラリアの人気鉄道。アメリカン・スタイルのタンク機が活躍。
  4、成田と丸瀬布：いまも残る保存鉄道をはじめ日本の軽便鉄道、蒸気機関車の終焉の記録。
  5、モーリイ鉄道：現存するドイツ11の蒸機鉄道をくまなく紹介。600mmのコッペルが素敵。
  6、ロムニイ、ハイス&ダイムチャーチ鉄道：英国を走る人気の381mm軌間の蒸機鉄道。
- 『**C56 Mogul**』 C56の活躍した各路線の記録、また日本に残ったうちの40輌の写真など全記録。
- 『**小海線のC56**』 高原のローカル線として人気だった小海線のC56をあますところなく紹介。
- 『**井笠鉄道**』 岡山県にあった軽便鉄道の記録。最期の日のコッペル蒸機の貴重なシーンも。
- 『頸城鉄道』 独特の車輌群で知られる新潟県の軽便鉄道。のちに2号蒸機が復活した姿も訪ねる。
- 『下津井電鉄』 ガソリンカー改造電車が走っていた電化軽便の全貌。瀬戸大橋のむかしのルート。
- 『**尾小屋鉄道**』最後まで残っていた非電化軽便の記録。蒸気機関車5号機の特別運転も収録する。
- 『**糸魚川＋基隆**』 鉄道好きの楽園と称された糸魚川東洋活性白土専用線と台湾基隆の2' 蒸機の活躍。
- 『**草軽電鉄＋栃尾電鉄**』永遠の憧れの軽便、草軽と車輌の面白さで人気だった栃尾の懐かしい記録。
- 『日本硫黄 沼尻鉄道』鉱石運搬につくられた軽便鉄道の晩年を先輩、梅村正明写真で再現する。
- 季刊『**自動車趣味人**』3、6、9、12月に刊行する自動車好きのための季刊誌。肩の凝らない内容。

著者プロフィール
いのうえ・こーいち　(Koichi-INOUYE)
岡山県生まれ、東京育ち。幼少の頃よりのりものに大きな興味を持ち、鉄道は趣味として楽しみつつ、クルマ雑誌、書籍の制作を中心に執筆活動、撮影活動をつづける。近年は鉄道関係の著作も多く、月刊「鉄道模型趣味」誌に連載中。主な著作に「C62 2 final」、「D51 Mikado」、「世界の狭軌鉄道」全6巻、「図説電気機関車全史」(以上メディアパル)、「図説蒸気機関車全史」(JTBパブリッシング)、「名車を生む力」(二玄社)、「ぼくの好きな時代、ぼくの好きなクルマたち」「C 62／団塊の蒸気機関車」(エイ出版)、「フェラーリ、macchina della quadro」(ソニー・マガジンズ)など多数。また、週刊「C62をつくる」「D51をつくる」(デアゴスティーニ)の制作、「世界の名車」、「ハーレーダビッドソン完全大図鑑」(講談社)の翻訳も手がける。季刊「自動車趣味人」主宰。株)いのうえ事務所、日本写真家協会会員。
連絡先：mail@tt-9.com

著者近影　撮影：イノウエアキコ

キハ81系、82系　ディーゼル特急　鉄道趣味人16「特急気動車」

発行日　2024年11月20日
初版第1刷発行

著者兼発行人　いのうえ・こーいち
発行所　株式会社こー企画／いのうえ事務所
〒158-0098　東京都世田谷区上用賀3-18-16
PHONE 03-3420-0513
FAX　03-3420-0667

発売所　株式会社メディアパル(共同出版者・流通責任者)
〒162-8710　東京都新宿区東五軒町6-24
PHONE 03-5261-1171
FAX　03-3235-4645

印刷　製本　株式会社JOETSUデジタルコミュニケーションズ

ISBN 978-4-8021-3490-3 C0065
2024 Printed in Japan

◎定価はカヴァに表示してあります。造本には充分注意しておりますが、万が一、落丁・乱丁などの不備がございましたら、お手数ですが、発行元までお送りください。送料は弊社負担でお取替えいたします。